Hamburgs Großkotz,
schaun Sie rein,
zeigt im Buch sein wahres Sein

Hubertus Scheurer

Vorwort

Nach meiner Bürotätigkeit habe ich etwa 10 Jahre lang fast täglich den Wellness-Bereich des Hotel Elysee besucht, um dort in erster Linie einer sportlichen Betätigung nachzugehen.

Eine genaue Schilderung des Ablaufes ist in dem Buch „Erlebnisse im Hotel mit König Alfred und seinem Hanswurst" Band I dargestellt.

Wahrscheinlich wäre dies auch noch jahrelang so weitergegangen, wenn sich nicht im Wellness-Bereich eine Änderung derart ergeben hätte, daß der Leiter ausgetauscht wurde und wenn nicht der bisherige Direktor des Hauses hätte gehen müssen.

Im Wellness-Bereich ging es mit der neuen Leitung steil abwärts, das heißt, daß es keine Aufsicht mehr gab und daß daraus für die Gäste erhebliche Unannehmlichkeiten und Mißstände resultierten. Daraus ergab sich der Konflikt zwischen mir und dem Hotel, was zur Verleumdung und Kündigung meiner Person führte. Eine ausführliche Darstellung enthält das obengenannte Buch.

Hubertus Scheurer

Bibliografische Information der Deutschen Nationalbibliothek:
Die Deutsche Nationalbibliothek verzeichnet diese Publikation
in der Deutschen Nationalbibliografie; detaillierte bibliografi-
sche Daten sind im Internet über dnb.dnb.de abrufbar.

© 2020 Hubertus Scheurer
Herstellung und Verlag: BoD - Books on Demand, Norderstedt
ISBN: 978-3-7519-7540-7

Inhaltsverzeichnis

Verleumdung und Ehre

Es heißt, die Verleumdung wäre
Stets ein Angriff auf die Ehre;
Öffentliches Widerlegen
Wirkt dem Rufmord dann entgegen.

Die Verleumder sollt man kennen,
Deshalb sie beim Namen nennen,
Insbesondre bei Gestalten,
Die im Lande Macht entfalten.

Auch die Richter würden schlauer,
Lesen sie bei Schopenhauer,*
Was gerade vorgetragen
Und dem Recht sich nicht versagen.

Könnten Einsicht nun bezeugen,
Sich vorm Unrecht nicht mehr beugen,
Eine letzte Chance sich geben
Und das Buchverbot aufheben.

*Sh.: A. Schopenhauer >>Aphorismen zur Lebensweisheit
Buch – Ein Lyrikcocktail der Gedanken von Hubertus Scheurer*

Hamburgs Großkotz

Hamburg ist die schöne Stadt,
Die den größten Großkotz hat,
Er ist allgemein bekannt
Und wird Eugen Block genannt.

Die Hansestadt hat mit Bedacht
Einen Orden ihm vermacht,
Der an diesem Großkotz hängt
Und dort großes Lob empfängt.

Noch einen Orden

Eugen läßt in seinem Hintern
Zum Tierschutz Läuse überwintern
Und er sagt, daß dies Gehäuse
Wär eine Wohltat für die Läuse.

Bei derart guten Tierschutztaten
Sei es sicher angeraten,
Ihm zum Tierschutzwohlgedeihen
Auch einen Orden zu verleihen.

Der heilige Kaktus

Eugen machte sich Gedanken,
Auch der Papst könnte erkranken,
Und Eugen sah sich ausersehen,
Dem heilgen Vater beizustehen.

Deshalb könnte er auf Erden
Hier im Norden tätig werden
Und zur Abwehr von den Sünden
Seinen heilgen Geist verkünden.

Heilger Kaktus unterdessen,
Wär als Titel angemessen,
Davon muß der gute Eugen
Nun den Papst noch überzeugen.

Eugens Symbiose

Es ist wirklich allzu dreist,
Wenn in Springers „WELT" es heißt,
Kaufmannsgeist und heilger Geist.
Wärn von Block die Symbiose,
Denn aus Großmannssucht und toter Hose
Ist Eugen Block die Symbiose.

Kein Papstgehilfe

Eugen Block, der Kacktholik,
Dieses wurde jetzt publik,
Befindet sich in großen Nöten,
Sein Verstand ging gänzlich flöten.

Damit wurd die Chance sehr klein
Papstgehilfe hier zu sein,
Denn wie könnt der sich verlassen
Auf jemand, dem im Schrank fehln Tassen.

Die Holokackfigur

Eugen Block der alte Sack,
Nunmehr auch ein Holokack,
Geht als solcher nach dem Sein
Bald in die Geschichte ein.

So gelang es Eugen jetzt,
Daß er sich ein Denkmal setzt
Und als Holokackfigur
Bringt schon heut in Positur.

Eugen und die Kuh

Vorm Hotel stand eine Kuh,
Das ließ Eugen keine Ruh,
Er gesellte sich dazu,
Machte so wie sie gleich muh.

Dann sprach Eugen zu der Kuh,
Mach die Ohrn auf, hör gut zu:
Ich bin im Hotel der Leitstier,
Alles was du siehst, gehört mir.

Du mußt dich jetzt vor mir bücken,
Ich setz mich auf deinen Rücken
Und dann reiten wir im Trab
Diese Straße auf und ab.

Das war für die Kuh zu viel,
Der Kerl schoß weit übers Ziel,
Sie sprach, da mach ich nicht mit
Und gab Eugen einen Tritt.
Da flog Eugen in den Dreck
Und die Kuh ging langsam weg.

Ein verkackter Charakter

Eugen Block der Gernegroß
Geht gern auf die Leute los
Und wenn sie ihm nicht mehr passen,
Läßt er kurzerhand sie schassen.

Jedes Mittel setzt er ein,
Keines ist ihm zu gemein,
Ein im wahrsten Sinn verkackter
Ist von Eugen der Charakter.

Eugen der Kaktus

Man hört, daß im Puffhotel die Herrn
Bei Eugen Block gastieren gern,
Zumal Eugens heilger Schein
Gut verdeckt ihr wahres Sein.

Zum heilgen Kaktus einst ernannt,
Würd Eugen sicher weltbekannt;
Darf man in seiner Nähe sein,
Dann zieht er seine Stacheln ein.

So schafft sich unterm Himmelszelt
Der Kaktus seine eigne Welt,
Doch im Himmel, er wird sehn,
Braucht man keinerlei Kakteen.

Die Kackwurst

Ein tragisches Würstchen mag ich sein
Und damit steh ich nicht allein,
Doch solch ein Würstchen läßt von Eugen,
Der Kackwurst sich bestimmt nicht beugen.

Die Kackwurst mit dem heilgen Schein
Sie glänzt in Hamburg ungemein
Und läßt sie andre Bürger schänden,
Hat niemand etwas einzuwenden.

Die käufliche Heiligkeit

Eugen Block, die alte Gurke
Ist in Wirklichkeit ein Schurke,
Ließ durch seinen Anwalt schreiben,
Ich sollte mich selbst entleiben.

Andrerseits will er gern zeigen,
Daß ihm heilger Geist zu eigen;
Man kann dies im Zeitungswesen
Über ihn bereits schon lesen.

Wenn er dafür zahlen muß,
Bleibt aus jeglicher Verdruß,
Geld hat er im Überfluß,
Und er zeigt damit nur an,
Daß er alles kaufen kann.

Kanzler Eugen

Eugen Block das alte Ferkel,
Er will im Hotel Frau Merkel
Unter ihren Rock schnell kriechen
Und an ihrem Hintern riechen.

Eugen meint, mit diesen Düften
Könnt er sein Gehirn belüften
Und geheilt von den Beschwerden
Selber einmal Kanzler werden.

Eugens Fall

Auf den Alsterwanderwegen
Kam Eugen wankend mir entgegen,
Und ich sagte: Alter Hase
Fall mir bloß nicht auf die Nase,
Geh hintern Busch, entleer die Blase
Und dann in der nächsten Phase
Läßt Du hinten ab die Gase;
Eugen aber nickte stumm,
Er ging weiter und fiel um;
Darauf rief ich die Feuerwehr,
Die kam mit Geläut daher,
Nahm den alten Eugen mit,
Hoffen wir, daß er nicht litt.

Eugen als Eisbär

Zum Feuerlöscher rannte
Eugen, weil sein Hintern brannte;
Dann nahm er die Spritze
Und steckte deren Spitze
Hinten rein in seine Ritze.

Als die Spritze kam in Gang,
Dauerte es nicht sehr lang
Und Eugen, ja man glaubt es kaum,
War eingehüllt in weißem Schaum.

So erreichte er das Klo
Und war plötzlich heilfroh
Als hier jemand kam
Und in Augenschein ihn nahm.

Doch es folgte nur ein Schrei,
Ein Eisbär sitzt hier völlig frei
Wutentbrannt auf der Toilette
So als ob er Fresslust hätte.

Zum Glück klärte sich noch auf
Der tatsächliche Verlauf,
Und Eugen der blieb unbeschadet
Nachdem er wurde heiß gebadet.

Die Wanzenjagd

Eugen Block war mit der Lanze
Auf der Jagd nach einer Wanze,
Doch die Wanze hatte Schwein,
Eugens Lanze traf das Bein

Seiner Frau, das war zu viel,
Sodaß sie in Ohnmacht fiel,
Und Eugen, der dem Schock ergeben,
Legte sich sogleich daneben.

Als die beiden dann erwachten
Und an dieses Unheil dachten,
Wollte Eugen sich versagen,
Wanzen noch einmal zu jagen.

Eugens Geruchssinn

Eugen der hat keine Augen
Für die Menschen, die was taugen,
Und er kann nur die gut riechen,
Die ihm in den Hintern kriechen.

Er schaut drein mit starrem Blick,
Trägt mit Fassung sein Geschick,
Denn der Po erfüllt sein Soll,
Ist sogar meist übervoll.

Eugen und die Wanze

Eugen Block der Lanzenträger
Wurd bekannt als Wanzenjäger,
Doch nach dem misslungnen Jagen
Überkam ihn Unbehagen,

Weil jetzt nämlich auch die Wanzen
Auf der Nase ihm rumtanzen;
So wurd aus dem Lanzenjäger
Nun sogar ein Wanzenträger.

Gott der Herr hat sie erschaffen,
Begann Eugen jetzt zu raffen,
Damit wir ein Beispiel geben
Und friedlich zusammenleben.

Laffe mit Hut

Eugen Block der alte Laffe
Schaut drein wie im Zoo der Affe;
Die Verwechslung tät nicht gut,
Deshalb trägt er einen Hut.

Eugens Blackout

Auf Eugens Schädeldecke
Kroch beim Frühstück eine Zecke;
Eugens Frau, die war nicht bange,
Und sie zögerte nicht lange;

Sie schlug mit der Kaffeekanne
Diese Zecke in die Pfanne,
Doch zunächst blieb auf der Strecke
Auch der Eugen wie die Zecke.

Einem Blackout unterlegen,
Konnte er sich nicht bewegen
Bis er wieder zu sich fand,
Das Geschehene verstand.

Kampf um Rom

Ein Kampf um Rom ist es gewesen,
Eugen hat das Buch gelesen,
Meint, daß auch an dieser Stätte
Er den Kampf gewonnen hätte.

Eugens Gebiss

Eugen war sich ganz gewiß,
Ja, es rutschte sein Gebiss
Bei dem Essen sozusagen
Mit durch seinen vollen Magen

Und blieb dann am engen
Hinterausgang hängen.
Das Gebiss setzte dort
Sein Bemühen fleißig fort,
Indem es die Wurst zerbeißt,
Die aus Eugens Hintern reist.

Eugens Büste

Eugens schwere Metallbüste
Wird begraben in der Wüste,
Weil zu Lebenszeiten,
Wegen seiner Eigenheiten,
Seine gute Tante
Ihn den Wüstling nannte.

Jahrhunderte nach dem Verschwinden
Soll man sie dann wiederfinden
Und ihr einen Platz in Ehren
Auf der Erde nicht verwehren.

Eugen mit Glocke

Eugen Block, die alte Socke,
Trägt am Hals jetzt eine Glocke,
Damit man ihn wiederfindet,
Wenn er plötzlich mal verschwindet.

Bewährt hat sich dies Bemühen
Vorher schon bei alten Kühen,
Sodaß der senile Eugen
Ließ sich davon überzeugen.

Wenn jetzt seine Glocke läutet,
Weiß man gleich was das bedeutet:
Greift zum iphone und berichtet,
Wo der Eugen wurd gesichtet.

Faustschlag für Eugen

Würde Goethe widerfahren
Eugen Blocks mieses Gebaren,
Das er mir entgegenbrachte,
Ich denk schon, daß es dann krachte.

Goethe hätte Faust gesendet,
Mit dem Faustschlag wär beendet
Eugens unwahres Bestreben
Hier ein Vorbild abzugeben.

Denn was Goethe hat geschrieben,
Ist erhalten stets geblieben,
Und so wird auch Eugens Treiben
Künftig im Gedächtnis bleiben.

Eugens schiefer Turm

Der schiefe Turm mit Flagge
Ziert Eugens Hinterbacke
Und er meint, daß dies Tattoo
Sei der absolute Clou.

Der schiefe Turm von Pisa,
Bekannt wie Mona Lisa,
Kann deshalb aus Eugens Sicht
Seinen Turm erreichen nicht.

Eugen von der Alten Mühle

Eugen von der Alten Mühle
Saß morgens bei recht frischer Kühle
Auf einem dicken Schwein,
Das fing er vorher ein.

Kaum, daß er es erklommen,
War eine Sau gekommen,
Eine richtig fette Sau,
War von diesem Schwein die Frau.

Was willst du mit dem Schwein,
Es gehört mir ganz allein;
Eugen drauf: Ich mache daraus einen Schinken,
Antwort: Das wird dir noch mächtig stinken,
Ich mache dich zur Sau,
Du alter Schweineklau.

Lord Kack

Lord Kack, findet Eugen gut
In großer Schrift an seinem Hut,
Weil dann jeder sogleich weiß,
Der ist adlig dieser Greis.

Er geht nicht mehr ohne Hut,
Der ihm so viel Gutes tut,
Sodaß sogar wenn er schwimmt,
Er ihn nicht vom Kopf abnimmt.

Ja, mit diesem Hut nach Maß
Hat der Eugen seinen Spaß,
Wurde nicht in Hamburg nur
So zu einer Kultfigur.

Eugen mit Giraffe

Stellen Sie sich einmal das vor,
Eugen Block hängt wie ein Affe
An dem Hals einer Giraffe
Und er flüstert ihr ins Ohr:

Laß uns hin zum Rathaus gehen,
Wenn uns dort die Presse sichtet,
Wird gewiß davon berichtet
Und ganz Deutschland kann uns sehen.

Ja, der Eugen möcht zurück,
Seine Umwelt soll ihn achten,
Mit Bewunderung betrachten,
Darin liegt sein ganz es Glück.

Eugens Ohr

Hanswurst sprach bei Eugen vor,
Herr, ich bitte um ihr Ohr;
Eugen drauf, du hast Humor,
Wie du weißt, bin ich kein Tor.

Auf die Ohren kann mitnichten
Ich hier im Hotel verzichten
Und nun Abmarsch, kleiner Töffel,
Sonst gibt's einen an die Löffel.

26

Spender mit Sender

Eugen Block der edle Spender
Trägt im Hintern einen Sender,
Gut versteckt, fest eingebaut,
Damit ihn ja niemand klaut.

Jetzt wird immer, wenn Block spendet,
Dies im weiten Kreis gesendet,
Doch was wird aus Eugens Steiß,
Wenn der Sender läuft mal heiß?

Der Gedanke bringt beim Sitzen
Eugen Block nun schon ins Schwitzen,
Und so hat er jetzt gesendet,
Daß er vorerst nicht mehr spendet.

Meister Hosenrein

Mit dem smarten Penisphon
Gelang Eugen die Sensation;
Nicht genug, jetzt ist er schon
Bei der nächsten Konstruktion,
Nämlich einem Kakaphon.

Sein Ziel ist die Symbiose
Aus trockner unverkackter Hose,
Zu gehn in die Geschichte ein
Als der Meister Hosenrein.

Eugen und Dieter

Am Elbestrand, am Elbestrand
Zog Eugen Block aus sein Gewand
Und kackte schnurstracks in den Sand,
Das war doch wirklich allerhand.

Da kam auch schon der Dieter Bohlen,
Er schlich daher auf leisen Sohlen
Und hatte als gewiefter Hase
Den Kackgeruch in seiner Nase.

Nun sah er auch schon Eugens Haufen,
Wurd schneller und begann zu laufen,
Dann stoppte er den schnellen Lauf
Und haute auf die Kacke drauf.

Als das der alte Eugen sah,
Da fühlte er sich Dieter nah,
Es wurde ihm ums Herz ganz warm,
Und er nahm Dieter in den Arm.

Zum Pufflysator

Um den Steakhaus-König Block
Wurd es mit den Jahren leiser,
Deshalb wurde er adhoc
Zudem Hamburgs Puffhauskaiser.

Dieses Puffhaus ließ er tarnen
Mit elysisch reinem Namen,
Um so Menschen zu umgarnen,
Die aus gutem Hause kamen.

Doch dann hieß es, einem Kaiser
Wird der Eugen nicht gerecht,
Denn ein Kaiser der ist weiser,
Als Pufflysator ist er echt.

Eugens Kacke - Dieters Macke

Ich will es gern bezeugen,
Der Dieter und der Eugen
Ergänzen sich als trautes Paar,
Im Grand-Hotel, ganz wunderbar.

Denn Dieter hat 'ne Macke,
Er haut gern auf die Kacke,
Die Eugen ihm gern hinterläßt
Als Haufen bis zum kleinsten Rest.

Verkackter Kopf

Dieter er war eingeschlafen
Im vermeintlich sichren Hafen,
Da hat Eugen ungeniert
Ihm Kacke auf den Kopf geschmiert,
Um zu sehn, wie der's verträgt,
Wenn Dieter auf die Kacke schlägt.

Floh im Po

Bei dem Eugen Block im Po
Wohnt seit Tagen schon ein Floh,
Hat sich eingelebt dort schnell,
Wie in dessen Grand-Hotel.

Er schätzt sehr das Duftgemisch,
Wenn aus Eugens Darm kommt frisch
Eine dicke Wurst heraus,
Grad so wie im Bock-Wurst-Haus.

Dann beißt dieser kleine Floh
Voll Genuss in Eugens Po,
Und gedeckt ist nun der Tisch
Mit dem Kack- und Blutgemisch.

Der Osterhase

Eugen Block trägt seinen Sack
Inzwischen sogar huckepack,
Weil er sonst, bei jedem Schritt,
Sich selbst auf die Eier tritt.

Er, mit seinen stolzen Gaben,
Will im Sack kein Rührei haben;
Kürzlich sprach ein Kind ihn an,
Sind Sie wohl der Weihnachtsmann?

Nein, ich hab im Sack nur Eier;
Ich versteh, die Osterfeier,
Sodaß Sie, meinte das Kind,
Dann der Osterhase sind.

Der Heuschnupfen

Hanswurst rief: Das ist ganz neu,
Eugen will mit mir ins Heu,
Doch damit er's nicht bereu,
Bleibe ich mir selber treu.

Und so heißt es aufgepaßt,
Wenn er in die Hos' mir faßt,
Sag ich, das hat keinen Zweck,
König Eugen, Hände weg!

Denken Sie an Jackson, Michael
Sonst wird diese Sache heikel
Sie verlieren Ihr Gesicht,
Stehn am Ende vor Gericht.

Doch wir wollen uns liebkosen,
Aber mit geschlossnen Hosen
Können wir zusammenliegen
Ohne Heuschnupfen zu kriegen.

Der Pup-Titan

Wenn Deutschlands größter Pup-Titan
Zieht im Lande seine Bahn,
Sucht er Leute , die laut pupen,
Deshalb darf kein Auto hupen;

Denn wer pupt , der muß auch kacken,
Wenn sich blähn die Hinterbacken
Ist der Titan gleich zur Stelle,
Ihm erschließt sich eine Quelle

Um, nur darauf tut er bauen,
Auf die Kacke selbst zu hauen;
Das ist seine Leidenschaft,
Sie verleiht dem Titan Kraft.

Dieter und die Kacke

Der bekannte kleine Schieter,
Nämlich unser Bohlen, Dieter,
Hat Probleme mit der Kacke,
Weshalb er in der Attacke
Ständig auf die Kacke haut,
Wie er uns hat anvertraut.

Klingel-Pup im Duett

Dieter, unser Puptitan,
Fuhr heut mit der Straßenbahn,
Und der erste Klingelton
Inspirierte ihn auch schon.

Dieter meinte, das wär nett,
Pup ich mit ihm imDuett,
Und nun hört den Puptitan
Man auch in der Straßenbahn.

Der grüne Star

Durch den grünen Star
Seh ich leider nicht mehr klar;
Nur ein Beispiel: Statt dem e
Wurd gedruckt im Buch ein a,
Was ich deshalb übersah.

Commerz-Banker

Commerzbank-Banker fordern mehr,
Stand in der Zeitung*, bitte sehr;
Verlustgeschäfte schon vergessen?
Ich war Betrügern aufgesessen,

Scheint mir; verlor dabei viel Geld,
Doch das zählt nicht in ihrer Welt.
Milliarden haben sie vernichtet
Und fühln allein sich selbst verpflichtet.

Fünfhunderttausend nur im Jahr,
Euro, zu wenig, das ist klar,
Als Festgehalt für einen Banker
Im Vorstand, diesem klugen Lenker.

Gut, daß ich nichts zu sagen hab,
Sonst brächte ich ihn schon auf Trab;
Er müßte für die Machenschaften,
In seiner Bank, persönlich haften !

*Sh.: Welt Kompakt vom 6.1.2010,
„Commerz-Banker fordern höheres Gehalt"

Die Commerzbankpleite

Mit dem Commerzbankaktienkauf
Ging eine halbe Million drauf;
Welch eine schöne Pleite
Mit der Bank an der Seite.

So flog im Commerzbankhaus
Viel Geld aus dem Fenster raus,
Die Bank an meiner Seite
Sah nicht die eigne Pleite.

Drum warne ich vor dieser Bank,
Sie scheint mir commerziell als krank,
Mit der an Deiner Seite
Vergiß sie nicht, die Pleite.

Für Frau Wilde

Susanne die Wilde ,
Ich kenn sie nur milde,
Im Bankengefilde*
Führt sie an die Gilde.

Sie hat mich gefunden,
Ich wurde zum Kunden
Und bleib ihr verbunden
Den Rest meiner Stunden.

*Haspa *Hamburger Sparkasse*

Susanne Wilde

Heut kam ich nicht in die Kufen ,
Da hat sie mich angerufen;
Es erklang durchs Telefon
Ihrer Stimme schöner Ton.

Susanne Wilde, das tat gut
Und schon schöpft ich wieder Mut;
Fehlt noch , was mich hält im Bann,
Daß ich sie bald sehen kann.

38

GEORG SCHULZ
Rechtsanwalt

RA Schulz · Böttgerstraße 1 A · 20148 Hamburg

Georg Schulz
Böttgerstraße 1 A
20148 Hamburg
Tel. 040/530 25 07 - 20
Fax 040/530 25 07 - 30
info@Rechtsanwalt-Schulz.net

Herrn
H. Scheurer
Brehmweg 35

22527 Hamburg

bei Antwort und Zahlung bitte angeben:

Scheurer s-pi

26.08.15

Ihr Schreiben vom 20. Juli 2015 und was Sie im Anhang als „Gedichte" bezeichnen

Hallo Herr Scheurer,

warum Sie bei diesem Unrechtstaat, wie Sie sich ja vor vielen Jahren im Verfahren beim Landgericht über die Beurteilung der Rechtsordnung durch die Pressekammer ausgelassen haben, den Titel als Rechtsbeistand für sich auf Ihren Briefbogen schreiben, erscheint wenig verständlich; oder gibt es Menschen, denen Sie i. S. dieses Begriffs Beistand leisten?

Wann hat denn der intellektuelle und organische Zersetzungsprozess in Ihrem Gehirn angefangen, sicherlich doch nicht vor Erwerb der Bezeichnung als Rechtsbeistand?

Warum nehmen Sie sich bloß weiterhin so ernst, dass Sie auf solche „Verse" (?) offenbar nicht verzichten können?

Wenn Sie schon nicht zum Therapeuten gehen, um sich helfen zu lassen, dann bleibt Ihnen ja noch die Möglichkeit, sich lautlos und ohne jede Theatralik, die Sie persönlich auch in solchen „Versen" zum Ausdruck bringen, einfach das Leben zu nehmen.
Das wäre jedenfalls ein Zeichen angemessener Selbstkritikfähigkeit, Sie tragisches Würstchen.

Mit freundlichen Grüßen

Georg Schulz

Commerzbank Hamburg · BLZ 200 400 00 · Kto.-Nr. 3562420 00
IBAN DE37 2004 0000 0355 2420 00 · BIC COBADEFFXXX
St.-Nr. 42/223/01462

39

ELYSEE Hamburg

ELYSEE Hotel AG Hamburg
Rothenbaumchaussee 10
D-20148 Hamburg
Telefon (+49) 40 / 41 41 20

Sehr geehrter Herr Scheurer,

vielen Dank für Ihren Hinweis, dass die Seile unseres Kraftgerätes nicht mehr dem neuesten Stand entsprechen. Auch wir haben dies nicht übersehen und einen Austausch bereits veranlasst. Sie haben vollkommen Recht, dass trotz der geplanten Umbauarbeiten zur Erweiterung unseres Elyseum im Frühsommer, Wartung und Instandhaltung der vorhandenen Einrichtungen nicht vernachlässigt werden dürfen. Für evtl. auftretende kleine Mängel in der Übergangs-phase bitte wir jedoch schon heute um Ihr Verständnis.

Wir freuen uns, Ihnen in naher Zukunft einen noch schöneren und attraktiveren Wellnessbereich präsentieren zu können und würden uns sehr freuen, Sie auch weiterhin zu unseren treuen Gästen zählen zu dürfen.

Mit freundlichen Grüßen

ELYSEE Hotel AG Hamburg

Peter Kuster
Stellvertretender Direktor

Ralf Springmann
Leiter Elyseum/med. Masseur

Bücher von Hubertus Scheurer:

Ein Lyrikcocktail der Gedanken
Taschenbuch: 3,50 EUR
ISBN-10: 3739259264
ISBN-13: 978-3739259260
ASIN: B017W82AA0

Verleumdung durch die
Hamburger Polizei
Taschenbuch: 3,50 EUR
ISBN-10: 9783743126114
ISBN-13: 978-3743126114
ASIN: B071RD7YP1

Ein sogenannter Rechtsanwalt
wird zur Kack-Phantom-Gestalt
Taschenbuch: 3,70 EUR
ISBN-10: 3739263938
ISBN-13: 978-3739263939
ASIN: B01BDRO91E

Kaum zu Glauben
Taschenbuch: 3,50 EUR
ISBN-10: 3743145421
ISBN-13: 978-3743145429
ASIN: B01N1YFYSS

Hier zu sichten:
Ein Nachtrag von Gedichten
Taschenbuch: 3,10 EUR
ISBN-10: 3748106122
ISBN-13: 978-3748106128
ASIN: B07PZ8SWR6

Weitere Bücher finden Sie unter: **www.hubertus-scheurer.de**